Tjark Baumann

Stimmbilder 2

mit Zeichnungen von Eleonore Gerhaher

20 Bildkarten für Chor, Gesangs- und Stimmbildungsunterricht

– Didaktischer Kommentar –

Inhalt

Vorwort

Ich freue mich, mit den *Stimmbildern 2* den nachfolgenden Band der im Jahre 2014 erfolgreich begonnenen Stimmbilder-Reihe vorlegen zu dürfen!
Zentrales Ziel des Buches ist auch hier die Bewusstmachung und Verbesserung von komplexen physiologischen Vorgängen beim Singen und auch beim Sprechen durch bildhafte Vorstellungen. Kamen im ersten Band noch Stimmbilder zur Verwendung, die bereits seit vielen Jahrzehnten erfolgreich im Stimmtraining angewendet werden, so sind hier überwiegend neuartige, innovative Bildideen aufgeführt, die dennoch, vielfach erprobt, bereits ihren Weg in die professionelle Stimmbildung gefunden haben.
Es ist mir eine große Freude und Ehre, diesen Band durch drei wundervolle Stimmbildungsideen dreier Kolleginnen zu ergänzen, deren Einsendungen sich im Rahmen des großen Stimmbilder-Wettbewerbes, der 2021 anlässlich dieser Publikation ausgerufen wurde, durchgesetzt haben (siehe S. 9, 14 und 24).

Tjark Baumann, im Februar 2024

Zum Gebrauch der „Stimmbilder 2"

Zu jedem Stimmbild gibt es eine Karte, die auf der Vorderseite die jeweilige Illustration zeigt. Auf der Rückseite jeder Bildkarte sind Kommentare und zu den jeweiligen Bildern passende Gesangsübungen vermerkt. Weitere Informationen, die vor allem für Lehrkräfte gedacht sind, befinden sich in diesem Begleitbuch. Die Kommentare sind unterteilt in die drei Bereiche Anwendung, Anweisung und Erläuterung.

- Der Kommentar „Anwendung" zeigt dabei stichpunktartig das jeweilige Themenfeld an, welches die Lehrkraft zum Unterrichtsgegenstand machen will, z. B. Verbesserung der sängerischen Haltung, Aktivierung der sängerischen Atmung etc.
- Die „Anweisung" soll den Lernenden das Bild zumeist in einer kleinen, bildhaft beschriebenen Geschichte näherbringen, sie für das ausgewählte Themenfeld sensibilisieren und zur Ausführung der Übung und Verbesserung motivieren.
- Im Begleitbuch finden sich zusätzlich unter „Erläuterung" wichtige Informationen über die Hintergründe des Stimmbildes aus den Bereichen Methodik, Physiologie und Anatomie. Sie sind als Lehrerkommentar gedacht, können jedoch auch fortgeschrittenen Lernenden als zusätzliche Informationsquelle und dem besseren Verständnis von Fachvokabular dienen.

In diesem zweiten Band neu hinzugekommen sind *Vorschläge zur Verwendung für die jeweiligen Unterrichtsformen bzw. Sozialgruppen*. So lässt sich unter den Kommentaren mit einem Blick erfahren, wie sehr das Bild nach meiner Einschätzung für Einzel-, Gruppen- oder Chorunterricht geeignet ist.

Zuletzt wurde zu fast jedem Bild eine Gesangsübung beigefügt, die für das jeweilige Themenfeld geeignet ist und – je nach Bedarf und wie beim Einsingen üblich – mehrfach wiederholt und in Halb- oder Ganztonschritten auf- oder abwärtsgeführt werden kann. Neben einigen „klassischen", bekannten Übungen habe ich eigens zu diesem Zweck kleine Übungsstücke komponiert, die in Umfang und Ausdruck häufig schon eher an Liedanfänge erinnern. Die Inhalte der drei Wettbewerbsbeiträge wurden im Übrigen unverändert abgedruckt, für sie sind die jeweiligen Autorinnen selbst verantwortlich.

Die Themengebiete sind, ähnlich wie im ersten Band, in die Bereiche „sängerische Atmung", „Stimmsitz/-ansatz", „Stimm- und Atemführung", „Öffnung der Stimme" und „weitere Stimmbilder" kategorisiert.

A1 Die Luftmatratze

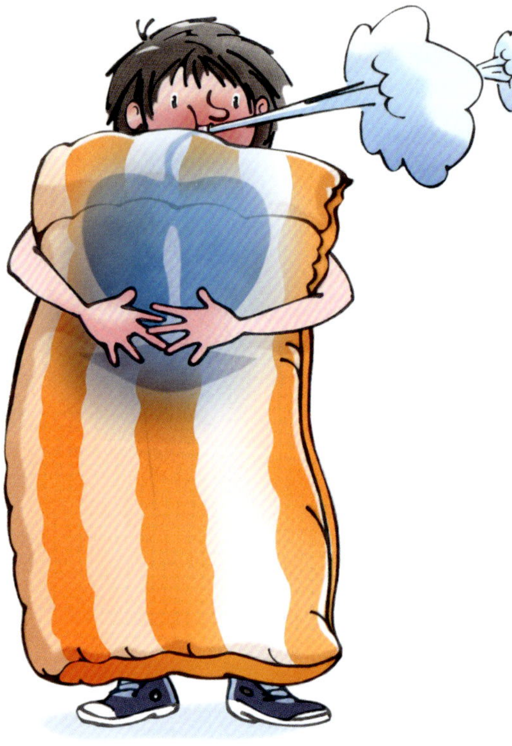

Anwendung

- Aktivierung und Harmonisierung der sängerischen Atmung
- Verbesserung der dynamischen Möglichkeiten, z. B. Forte-Klang
- Verbesserung der Atem- und Tonkontrolle

Anweisung

Der Sommerurlaub ist vorbei …
Alle haben sich gut erholt, doch nun muss alles wieder eingepackt werden. Die Luftmatratze oder das aufblasbare neumodische Riesen-Einhorn der Tochter sollen auch wieder mit. Damit diese im Gepäck nicht zu viel Platz wegnehmen, muss die ganze Luft raus.

Stelle dich aufrecht, und greife mit deinen Händen nun seitlich an deinen Bauch. Die Daumen berühren dabei am Rücken die Flanken oberhalb deiner Beckenknochen. Die übrigen vier Finger greifen nach vorne in die unteren Bereiche des Tiefbauchs.
Stell dir nun vor, deine Arme umschließen die Luftmatratze und du atmest die Luft mit einem Pfft-Geräusch heraus, dein Mund ist dabei das Ventil. Achte darauf, dass deine Unterlippe mit den oberen Schneidezähnen einen guten Verschluss bildet, sodass du einiges an Atemenergie aufbringen musst, um die Luft mit einem lauten Zischen aus der Luftmatratze zu bekommen. Viel Zeit bleibt für das Kofferpacken nämlich nicht!

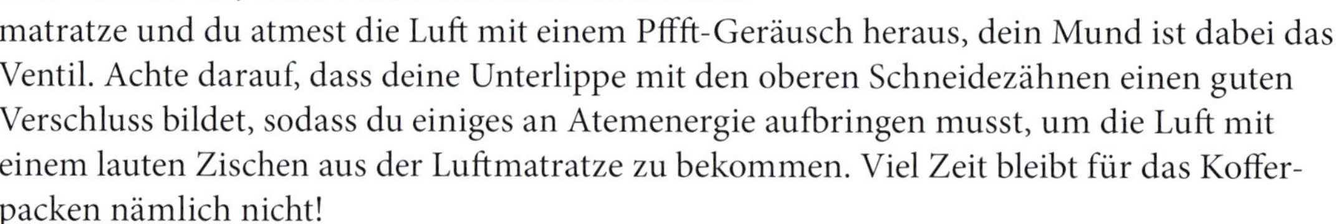

Atme durch die Nase wieder ein und beobachte, wie die Atemluft nach dieser Übung die tiefen Regionen deines Bauches ungehindert erreichen kann. Führe diese Übung einige Male aus. Spüre dabei auch anhand deines Griffes nach, aus welchen Bereichen deines Leibes die Energie für diesen Vorgang kommt. Achte darauf, dass die Muskulatur des Mittelbauches, etwas oberhalb deines Bauchnabels, entspannen kann, um den Weg der Atemluft in den Tiefbauch frei zu machen.
Singe nun die angegebene Gesangsübung oder eine Phrase aus dem Stück, an dem du gerade übst, und nimm die Energie der Luftmatratze mit hinein.

Erläuterung

Eine gesunde sängerische Atmung stellt neben der Körperhaltung die Basis für einen schönen, gesunden und dynamisch flexiblen Gesangston dar. Entscheidend dabei ist neben der Bewusstwerdung und Selbstreflexion die Aktivierung der beim Singen notwendigen, sowie das Lösen der für eine erforderliche Tiefatmung eher ungünstigen Atemmuskulatur. Diese Übung kann auf spielerische Weise helfen, die sängerische Atmung schnell und zielgerichtet zu aktivieren. Dazu gehören im Einatemprozess vor allem das Zwerchfell sowie die Interkostal-Muskulatur (Zwischenrippenmuskulatur). Genauso wichtig für eine sängerische Atmung ist die Lösung der eher hinderlichen Muskelspannungen. Diese sind oftmals im Mittelbauch oder Schultergürtel zu finden und können durch eine bewusste Über-Anspannung der verantwortlichen Muskeln gelöst werden.
Unerfahrenen Stimmen kann das Bild zu einer raschen Aktivierung und Verbesserung der Tonqualität verhelfen. Erfahreneren Stimmen kann sie als wichtiger Bestandteil eines Einsingprozesses dienen. Das Bild eignet sich zum Einsatz in der Einzelstimmbildung. Bei erfahrenen Chören kann sie auch in der Chorstimmbildung angewendet werden.

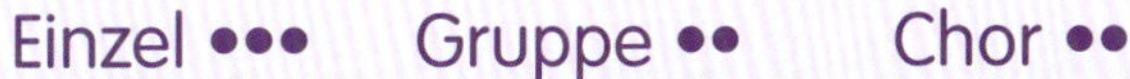

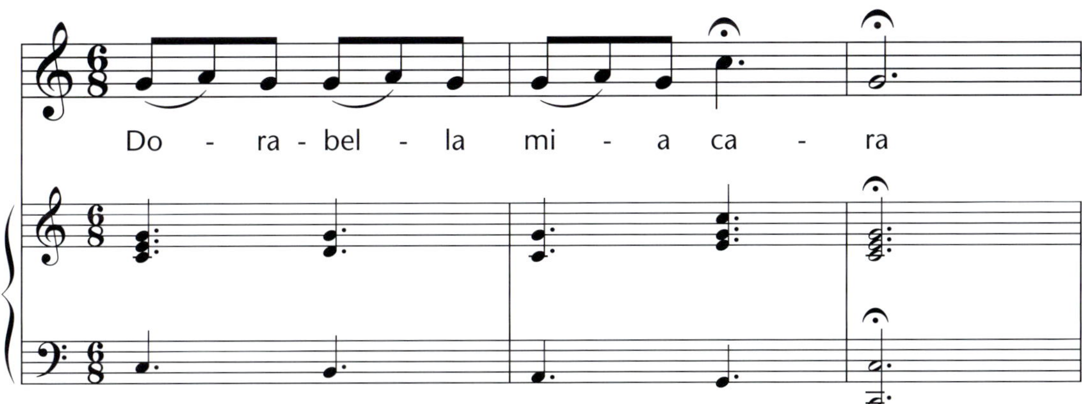

A2 Das Luftkissen

Anwendung

- Verbesserung der Atem- und Tonkontrolle
- Verbesserte Unterstützung der oberen Stimmlage
- Verbesserung der dynamischen Möglichkeiten

Anweisung

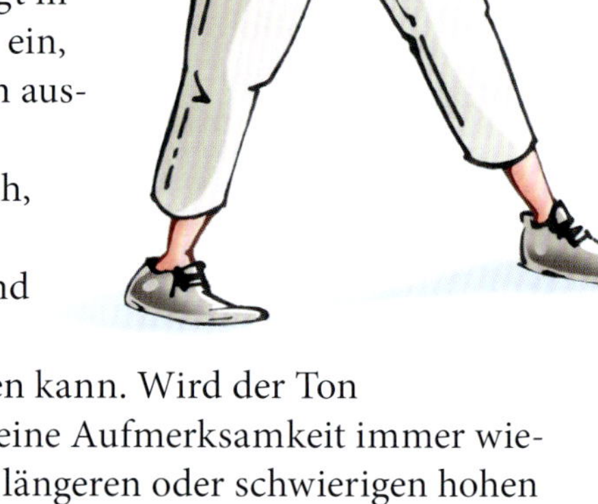

Beim Besuch im Freizeitpark für Kinder erreichst du die beliebten Hüpfburgen, auf denen viele Kinder wie Gummibälle auf- und niederspringen. Du beobachtest, wie flexibel jeder Sprung eines Kindes vom Luftkissen zur Erde hin aufgenommen wird, um die Energie aus der Tiefe heraus wieder abzugeben.
Stell dir nun vor, dein tief im Unterleib befindliches Atemorgan ist ein solches Luftkissen. Ein größeres Kind springt in die Höhe und sinkt beim Einatmen tief in das Luftkissen ein, welches sich nach unten und in alle seitlichen Richtungen ausdehnt.
Atme langsam und tief durch die Nase ein und spüre nach, wie sich Bauchdecke, Rippenbögen und Flanken weiten.
Beginne nun mit der Gesangsübung. Deine Reibelaute und Töne legen sich in dein gerade entstandenes Luftkissen hinein, welches sich dabei nach unten stets flexibel dehnen kann. Wird der Ton höher, sinkt der Atem tiefer in das Luftkissen ein. Lege deine Aufmerksamkeit immer wieder auch auf die Verbindung zum Luftkissen. Gerade bei längeren oder schwierigen hohen Tönen in Übungen oder Literatur kann es dir helfen, eine natürliche Spannung zur Unterstützung des Tones aufzubauen und unerwünschten Druck vom Kehlkopf fernzuhalten.

Erläuterung

Die Aktivierung und Bewusstwerdung einer sängerischen Atmung bildet immer die Grundlage für einen schönen, natürlichen und dynamisch-flexiblen Gesangston.
Aus dem Belcanto-Zeitalter stammt die sehr schöne Idee, die Singenden sollten die Stimme an das Atemorgan anlehnen: „appoggiare la voce“. Diese Vorstellung wird in diesem Bild aufgegriffen. Das unter dem Zwerchfell liegende Luftkissen dient dabei der Sensibilisierung für eine tiefgehende sängerische Atmung und Kontrolle über den Ton während des Singens, vor allem bei langen Tönen oder Phrasen. Ebenso können unerwünschte Fehlspannungen vor allem im Mittelbauch und Schultergürtel beispielsweise bei schweren, hohen Tönen oder langen Phrasen vermieden werden.
Das Bild ist sehr gut für die Einzelstimmbildung geeignet. Bei der Anwendung im Gruppenunterricht oder in Chören ist eine gute Vorbildung und vorherige Sensibilisierung unbedingt erforderlich.

Einzel ••• Gruppe • Chor •

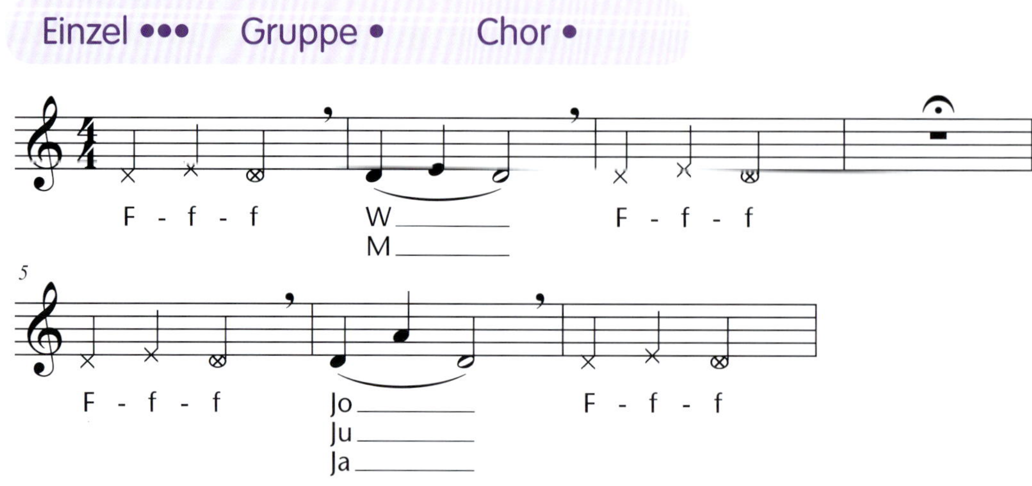

A3 Mit dem Rücken singen

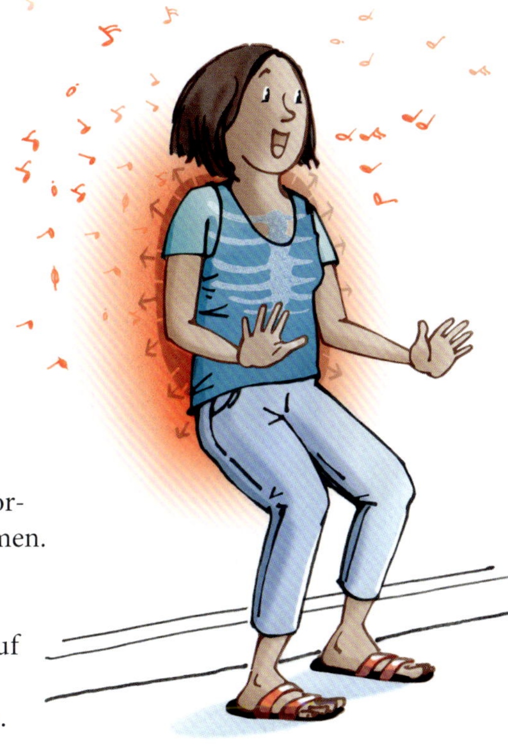

Anwendung

- Verbesserung der Atem- und Tonkontrolle
- Verbesserung der sängerischen Haltung
- Verbesserung von Timbre und Resonanz

Anweisung

Lehne dich mit dem Rücken an eine Wand, die Beine leicht abgewinkelt. An welchen Stellen deines Rückens kannst du die Kälte der Wand spüren? Versuche nun, deine Einatmung in eben jene Berührungspunkte deines Rückens hineinzulenken, und nimm wahr, wie er sich zwischen den Schulterblättern und den darunterliegenden Flanken weitet. Entferne dich nun von der Wand, komme wieder in einen normalen Stand und versuche weiterhin, mit dem Rücken zu atmen. Stelle dich nun nochmals wie beschrieben mit dem Rücken an die Wand und singe die Übung. Spüre nun, wie sich dein Stimmklang mittels Atem und Resonanz über den Rücken auf die Wand überträgt.
Führe diese Übung einige Male aus, wechsle dabei die Silben. Möglicherweise werden einige Vokale und klingende Konsonanten besser übertragen als andere. Begib dich anschließend in einen normalen Sängerstand und singe die Übung noch einmal. Spüre dabei, wie dein Rücken weiterhin mitatmet und mitsingt.

Erläuterung

Bei der Sensibilisierung und Erweiterung der sängerischen Atmung, Haltung und Resonanz kann das Miteinbeziehen des Rückens in den bewussten Phonationsprozess eine wichtige Hilfe sein. Nicht nur werden entscheidende Muskelbereiche, die dem Unterstützungsprozess beim Singen dienen, aktiviert. Zudem erhält der Singende durch das verbesserte Zusammenspiel von Tonerzeugung und Resonanzräumen mehr Möglichkeiten zur Verstärkung von Timbre und zum Ausbau des Tonumfanges.
Die Übung ist eher für die Einzelstimmbildung oder den Partnerunterricht gedacht, da sie ein höheres Maß an Erfahrung in Atemkontrolle und Selbstreflexion verlangt. Zudem benötigt diese Übung schlicht genügend Anlehn-Fläche für die Lernenden.

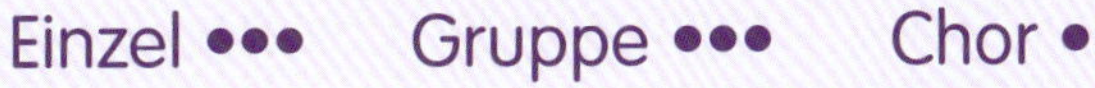

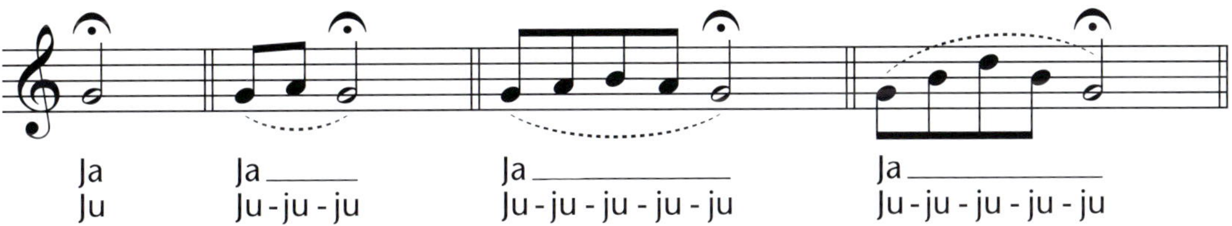

A4 Lachen!

Anwendung

- Aktivierung der sängerischen Atmung
- Sensibilisierung für die Interkostal-Muskulatur (Zwischenrippenmuskulatur)
- Verbesserung der sängerischen Haltung

Anweisung

Du erfreust dich an einem witzigen Gedanken oder einem guten Scherz!
Dabei lachst du laut und herzhaft. Spüre dabei in deine unteren Rippenbögen hinein. Du kannst mit deinen Händen unterstützend seitlich auf deinen Brustkorb fassen. Der Daumen liegt dabei auf den hinteren Flanken, die vier restlichen Finger auf den vorderen unteren Rippenbögen.
Hier darf jetzt auch ruhig übertrieben werden! Stell dir vor, du wärst ein Schauspieler, und lache auch mal übersteigert laut. Neben einer unweigerlichen Aktivierung der tiefen Bauchmuskulatur wirst du merken, dass auch deine Rippenbögen über eine Muskulatur verfügen, die beim Singen von großer Bedeutung ist.
Nutze diese Energie und Spannung nun für die Übung. Bleibe mit den Händen dabei in Kontakt zu den beim Einatmen nach außen strebenden Rippenbögen. Singe die einzelnen Silben stets mit einem neuen Impuls aus den Rippenbögen heraus. Achte darauf, dass, um Fehlspannungen zu vermeiden, der Atem aktiv, aber stets beweglich einen Zugang zum tiefen Bauchbereich behält. Das Bild vom Luftkissen kann hier sehr gut helfen.

Erläuterung

Durch diese Übung ist es den Singenden sehr gut möglich, eine Sensibilität für die Zwischenrippen- oder Interkostal-Muskulatur zu erhalten. Sie ist neben dem Zwerchfell und den unteren Bauchmuskeln für eine beim Singen günstige Atmung und auch Haltung ungemein wichtig. Es ist von großer Bedeutung für die Stimmbildung, dem Schüler diesen Teil der sängerischen Atmung bewusst zu machen und zu trainieren.
Da der Fokus der sängerischen Ausbildung zunächst sicherlich auf der Aktivierung des Zwerchfells und der tiefen Bauchmuskulatur liegt, ist diese Übung eher für fortgeschrittene Sängerinnen und Sänger gedacht.
Zudem sollte dem hier angesprochenen Sensibilisierungsprozess gerade durch das übertrieben laute Lachen eher ein konzentrierter, kurzer Zeitraum während der Stimmbildung zugedacht werden, da die tonerzeugenden Stimmlippen bei dieser Art der Phonation ungünstig stark beansprucht werden können.
Jedoch darf natürlich auch im Anfänger-Bereich zwischendurch herzhaft sängerisch gelacht werden!

Einzel ••• Gruppe ••• Chor •

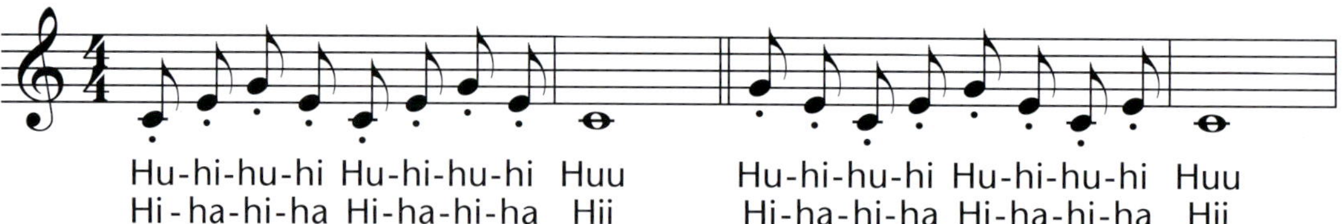

A5 Die Blume

(Wettbewerbsbeitrag von Alexandra Gießler)

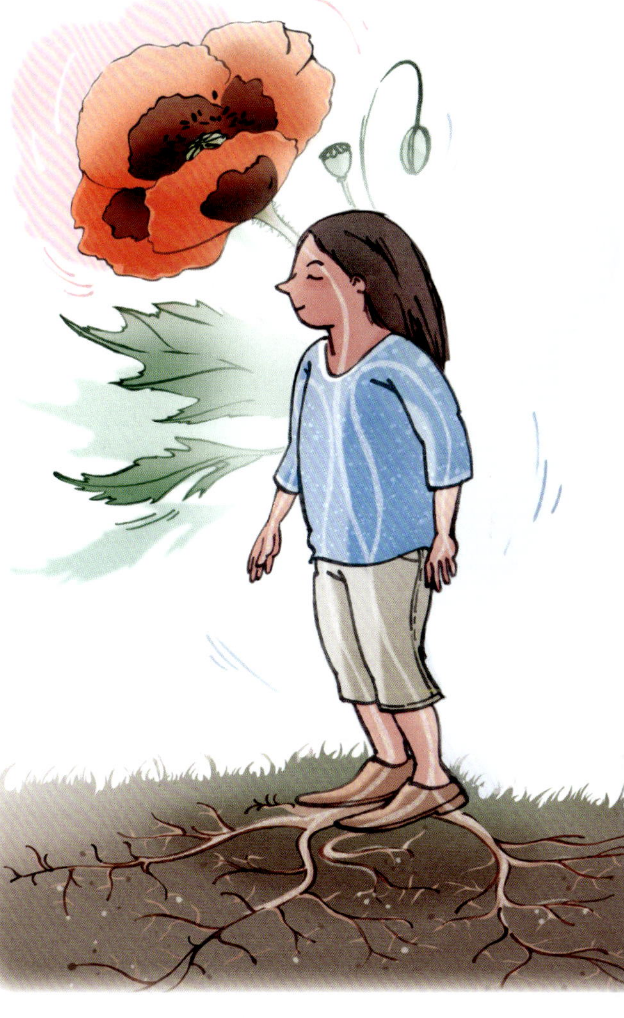

Eine Blume steht auf einer Wiese und wiegt sich sanft im Wind. Da sie gut verwurzelt und elastisch ist, kann ihr die sanfte Brise nichts anhaben. Doch da kommt eine heftige Sturmböe und knickt sie mitten im Stängel.
Aber die Blume weiß sich zu helfen: Sie hat Kapillaren, die sie mit Luft und Kraft versorgen und die von der Nase abwärts bis in die Flanken reichen.

Anweisung

Stelle dich mit lockeren Knien hin, die Füße etwa schulterbreit. Der Oberkörper hängt locker nach vorne. Achte darauf, auch Kopf und Nacken und die Arme entspannt zu lassen.
Atme schnüffelnd durch die Nase ein und stell dir vor, wie der Atem über deinen Schädel, Nacken, die Wirbelsäule entlang, durch zwei Röhren bis in deine Flanken strömt. Das ist der Bereich unterhalb deiner Rippen, wo die Nieren sitzen.
Es kann hilfreich sein, wenn eine zweite Person ihre Hände dorthin legt, sodass du besser fühlst, wohin du atmen willst.
Atme jedes Mal nach dem Schnüffeln durch den Mund aus. Jeder Atemzug richtet dich Wirbel für Wirbel ein Stück weiter auf, bis du – mit lockeren Knien – wieder aufrecht stehst. Auch der Nacken wird lang, und der Kopf als Verlängerung der Wirbelsäule darauf.
Die Arme (Blätter der Blume) hängen locker an der Seite; nimm die Schulterblätter ein bisschen zusammen und beobachte, wie sich der Brustkorb hebt und weitet:
Die Blume steht in neuer Pracht auf der Wiese und genießt die Sonne.

Erläuterung

Diese Übung ist auch gut für Haltung und Wirbelsäule. Solltest du Probleme mit dem Kreislauf haben, kannst du sie auch im Sitzen durchführen. Setze dich dazu über den Sitzhöckern ganz nach vorne auf eine Stuhlkante. Dehne die Übung nicht zu lange aus, 5–7 Schnüffeleinheiten mit jeweils vollständiger Ausatmung durch den Mund sind ausreichend.
Die Bauchatmung ist durch die geknickte Haltung anfangs bewusst blockiert, was die Flankenatmung erleichtert. Solltest du Schwierigkeiten haben, in den unteren Rücken zu atmen, versuche mal, den Atem in den Hintern oder gar in die Füße (Wurzeln) zu lenken; das kann sehr hilfreich sein.

B1 Der Alien-Laser

Anwendung
- Verbesserung des Stimmsitzes
- Verbesserung von Timbrefähigkeit und Resonanz
- Verbesserung von Atem- und Stimmführung
- Sensibilisierung für Stimmeinsatz und -ansatz

Anweisung Atme langsam und bewusst durch die Nase ein. Spüre, wie die Luft durch die Räume in Nase und Stirn strömt und sich dein Zwerchfell senkt. Dein Atem ist dabei pure Energie, die sich in deinen oberen Ansatzräumen und im Atemorgan bündelt. Du lädst dich und deinen bevorstehenden Ton auf wie einen Laser aus einem Science-Fiction-Film. Achte darauf, dass dein Kehlkopf in einer entspannten, leicht gesenkten Stellung verbleibt und auch Schultergürtel und Kiefer gelöst bleiben. Nun bist du mit dem Einatmen so weit, dein Ton ist vorbereitet, der Laser aufgeladen. Es entlädt sich die eingeatmete Energie in einer gebündelten, strahlenden Welle aus Gesang. Achte darauf, dass der Ton im ersten Ansatz eine eher sanfte Energiewelle beschreibt, die jedoch schnell zu einem energiegeladenen, strahlenden Stimmklang heranwächst. Behalte die Energie des Laserstrahles während der gesamten Übung oder Phrase bei.

Erläuterung Dieses Bild kann zunächst eine gute Sensibilisierung für die oberen Ansatzräume schaffen und damit einhergehend zu einer verstärkten Resonanz und einem obertonreicheren, strahlenderen Stimmklang verhelfen. Zusätzlich kann sie durch das Bild von Kontinuität im Energiestrahl zu einer verbesserten Stimm- und Atemführung und damit zu einem guten Sänger-Legato verhelfen.
Das Bild kann bereits im Anfänger-Bereich zur Anwendung kommen, da eine Sensibilisierung für Ansatzräume in der sängerischen Ausbildung zu einem frühen Zeitpunkt sinnvoll erscheint. Für Fortgeschrittene kann es ein zuverlässiges Bild beim Einsingen sein, um die oberen Ansatzräume zu aktivieren.

Einzel ••• Gruppe ••• Chor ••

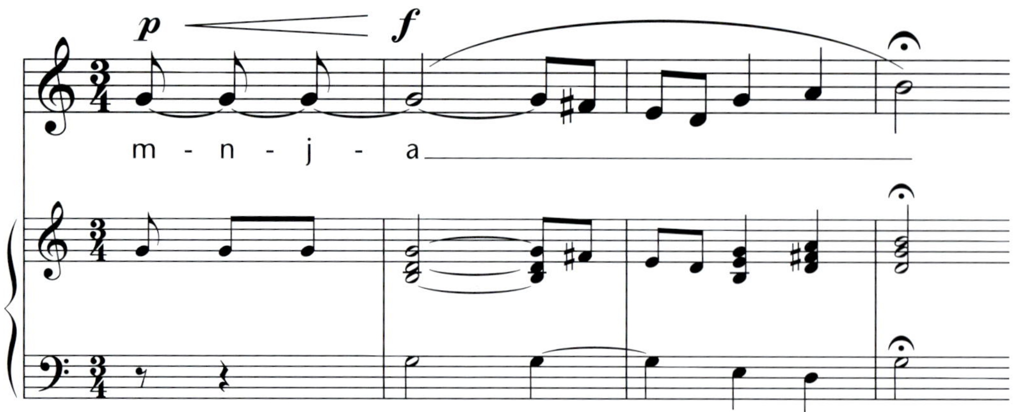

B2 Die Discokugel

Anwendung
- Sensibilisierung für die Ansatzräume
- Verbesserung von Stimmsitz und Resonanz
- Sensibilisierung für den eigenen Stimmklang

Anweisung
Atme bewusst und langsam durch die Nase ein und spüre, wie die kühle Luft durch deine oberen Ansatzräume strömt. Stell dir nun vor, du bist in einer Diskothek. Neben lauter Musik schießen Lichtstrahlen in allen Farben durch den Raum.
Beginne nun mit der Übung und stell dir vor, dein Kopf ist eine Discokugel, von welcher aus dein Gesangston in alle Richtungen strahlt. Bevor du singst, stellst du dir genau vor, wie der Ton klingen wird. Versuche dabei ebenfalls, sowohl bei der Vorstellung als auch beim anschließenden Singen, verschiedene Strahlen mit unterschiedlicher Intensität und Farbe in den Raum zu zaubern. Achte darauf, dass Kehlkopf, Kiefer und Atmung eher in einer locker gesenkten Position bleiben, um dem Ton den Weg zum Körper hin zu belassen (Vorstellung, dass der Ton nicht nur in den Raum „strahlt", sondern auch zum Körper zurückkehrt) und den Kehlkopf nicht unter Druck zu setzen.
Nimm dabei zunächst über deinen eigenen, subjektiven Höreindruck wahr, wie sich für dich der Klang verändert. Lass dir aber auch rückmelden, wie sich der Klang für Außenstehende, beispielsweise deine Gesangslehrkraft, verändert. Dies kann auch die Grundlage für ein Spiel sein: Welche Farbe hatte mein Gesangs-Lichtstrahl? Sing jetzt, als wäre dein Lichtstrahl violett, grau etc.

Erläuterung
Die Vorstellung von einem Gesangston vor dem Einsetzen der Phonation ist oftmals entscheidend für die tatsächliche Qualität des folgenden Stimmklangs.
Dieses Bild eignet sich sehr gut, um auf spielerische Art eine Sensibilität für die Ansatzräume und die daraus resultierende Timbrequalität zu vermitteln.
Wichtig zu erwähnen ist an dieser Stelle, dass die subjektive Wahrnehmung der Singenden und die der Außenstehenden über den Stimmklang mitunter sehr unterschiedlich sein kann. Dies liegt daran, dass der Knochenschall den subjektiv wahrgenommenen Stimmklang verändert und zumeist dunkler erscheinen lässt.
Daher kann der hier spielerisch gestaltete Unterrichtsdialog zwischen Gesangslehrkräften und ihren Schülerinnen und Schülern zum Thema Maskenresonanz und Klangwirkung ein sehr wertvolles Unterrichtsmittel sein.

Einzel ••• Gruppe ••• Chor ••

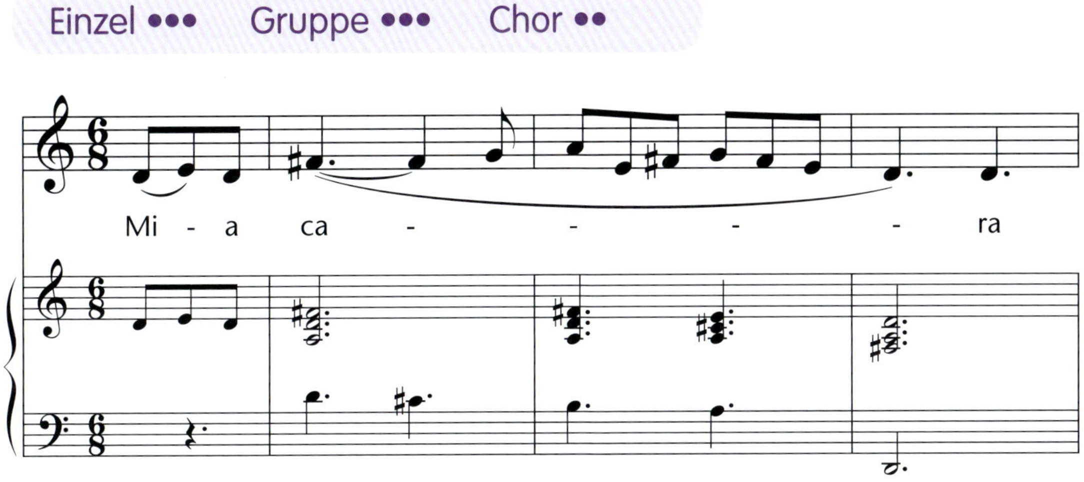

B3 Niesen

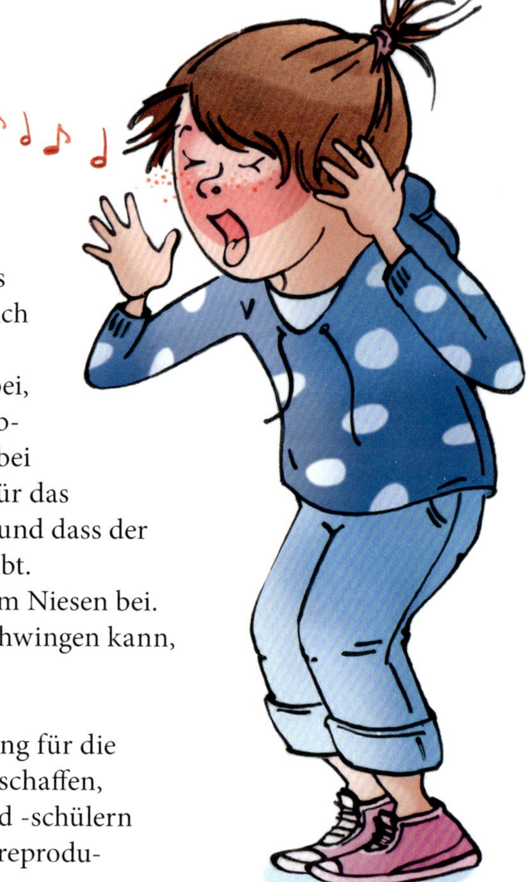

Anwendung
- Sensibilisierung für die oberen Ansatzräume
- Verbesserung von Stimmsitz und Resonanz

Anweisung

Es beginnt in deiner Nase zu kribbeln. Du atmest in kurzen, schnellen Impulsen durch die Nase ein, sodass sich das Kribbeln noch verstärkt. Schließlich entlädt sich der Niesreiz in einem herzhaften „Hatschi"!
Wiederhole diesen Vorgang einige Male. Versuche dabei, deine Wahrnehmung stets da zu belassen, wo sich Kribbeln und Niesen abspielen. Das Niesgeräusch muss dabei nicht laut sein. Achte zudem darauf, dass der Impuls für das Niesen eine Verbindung zum Tiefbauchbereich erhält und dass der Kehlkopf in einer locker eingehängten Position verbleibt.
Singe nun die Übung und behalte den Atemimpuls vom Niesen bei. Achte darauf, dass der Ton in den gleichen Räumen schwingen kann, in denen sich vorher das Niesen abgespielt hat.

Erläuterung

Dieses Bild eignet sich sehr gut, um eine Sensibilisierung für die oberen Ansatzräume bereits in einem jungen Alter zu schaffen, da es aus der Alltagswelt von Gesangsschülerinnen und -schülern stammt und altersunabhängig, schnell und reflektiert reproduziert werden kann.
Das Bild kann daher bereits in der Kinderstimmbildung verwendet werden, um die Wahrnehmung effektiv auf die Platzierung von Stimmansatz und Resonanz zu legen. Natürlich kann aber auch die Erwachsenenstimme profitieren.

Einzel ••• Gruppe ••• Chor ••

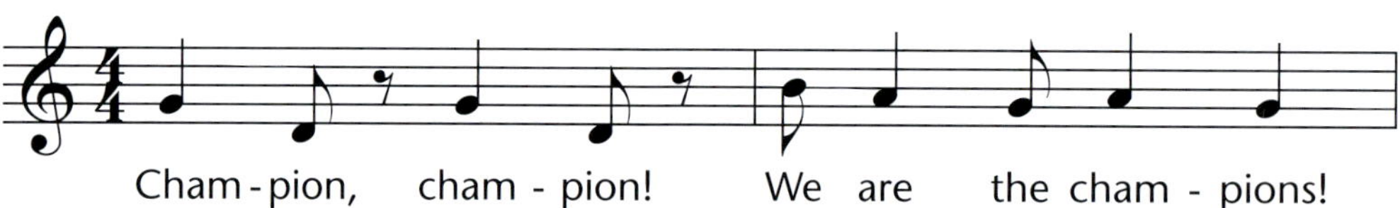

B4 Grunzen

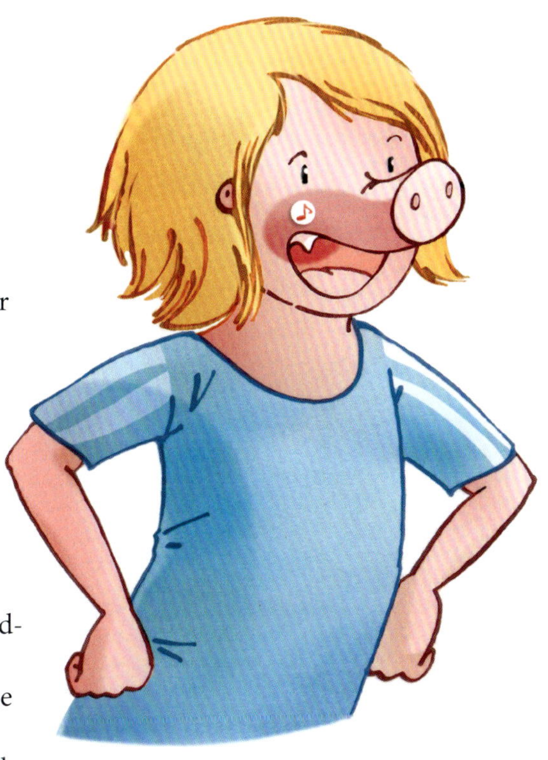

Anwendung

- Sensibilisierung für die Gaumensegel-Funktion
- Sensibilisierung für Ansatzräume/ Stimmsitz/Resonanz

Anweisung

Stell dir vor, du bist auf einem Bauernhof und siehst dir nacheinander alle Tiere an. Schließlich erreichst du den Schweinestall, der dich ermuntert, die lustigen Grunzgeräusche zu imitieren. Wahlweise haben übrigens Schnarchgeräusche den gleichen Effekt. Nur keine Hemmungen …
Spüre dabei, wie sich das Gaumensegel im hinteren Teil deines Rachens bewegt. Es flattert, hebt und senkt sich und kann dabei ein grunzähnliches Geräusch verursachen. Das Gaumensegel ist also grundsätzlich beweglich. Hebst du es an, öffnest du damit durch den hinteren Gaumenbereich einen Weg in deine oberen Ansatzräume. Beim Einatmen fließt die Luft somit am Gaumensegel vorbei in deine Nasennebenhöhlen. Behalte diesen Ansatz beim Singen bei und lass deinen Ton genau dort klingen, wo die Luft hineinströmt. Achte darauf, dass der Kehlkopf in einer entspannten, leicht gesenkten Position verbleibt und nicht unter Druck gesetzt wird. Sehr hilfreich kann es auch sein, dieses Bild zunächst durch einen gesprochenen „ng“-Klang zu ergänzen, wie in den Wörtern „Junge“ oder „Lunge“.

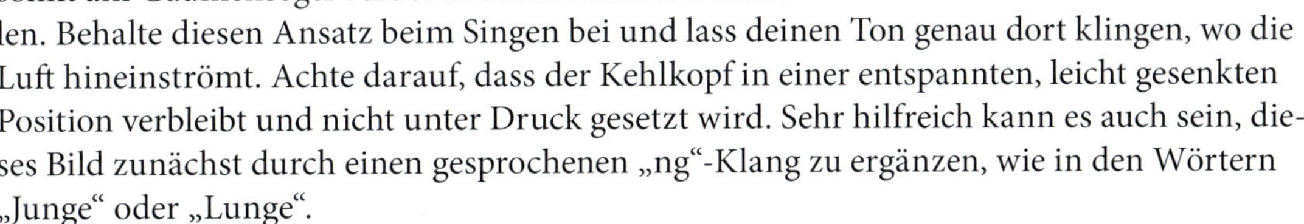

Erläuterung

Bei der Sensibilisierung für die Ansatzräume/Resonanz kann das Gaumensegel eine entscheidende Rolle spielen. Seine Beweglichkeit ermöglicht die Veränderung und im Idealfall bewusste Steuerung der oberen Ansatzräume und damit der Qualität des Vokalklangs. Dieses Bild kann auf spielerische Weise leicht zu einer solchen Sensibilität und Steuerung bei den Singenden führen.

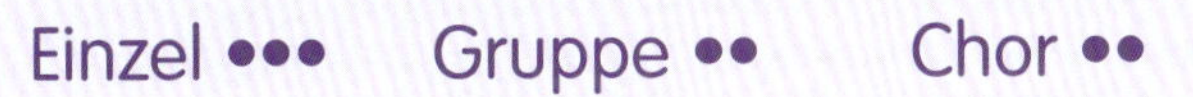

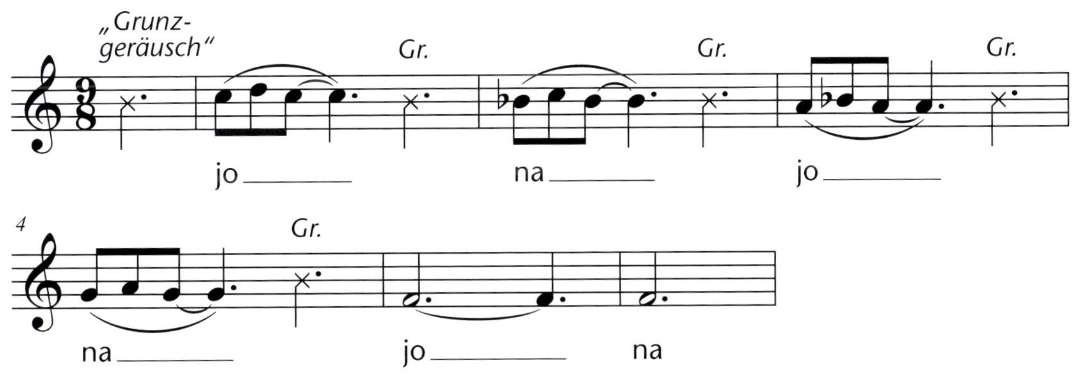

B5 Ohren abnehmen und aufhängen
(Wettbewerbsbeitrag von Miriam Rippel)

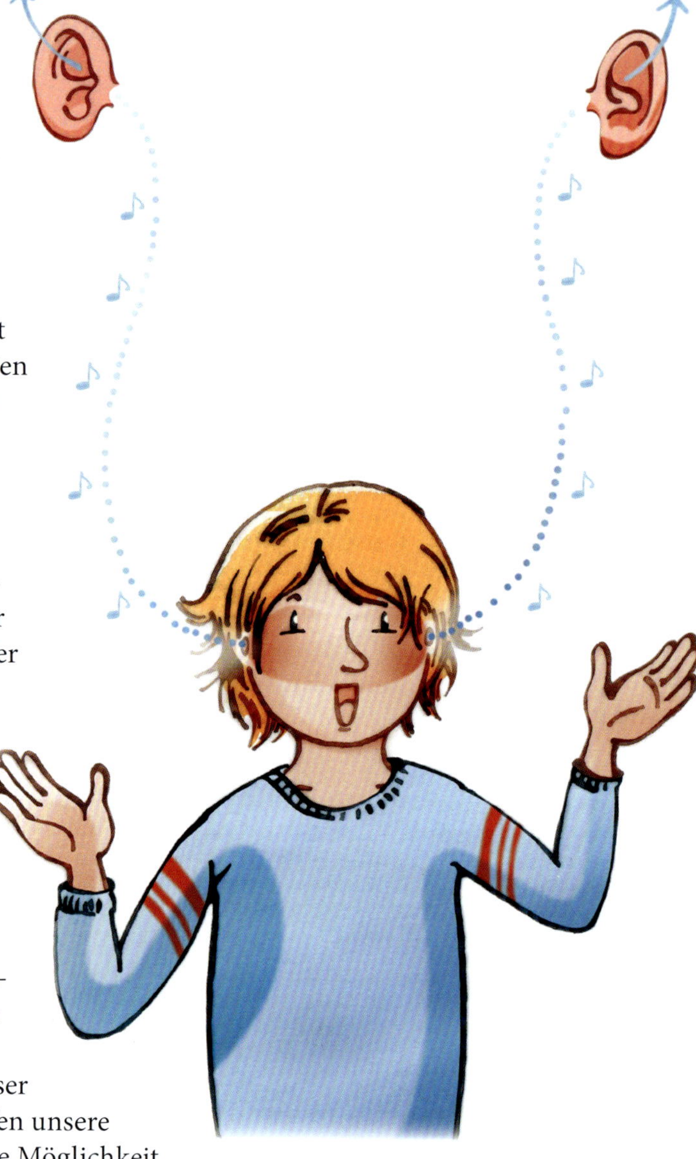

Anweisung

Stell dir vor, wie du deine Ohren jeweils rechts und links mit den Händen nimmst und sie von deinem Kopf löst. Deine beiden Ohren hängst du nun 4–5 Meter entfernt vor dir an einer Wand auf oder lässt sie 4–5 Meter entfernt vor dir in der Luft schweben.
Wichtig: Deine Töne sollen noch durch deine 4–5 Meter entfernten Ohren zu hören sein. Du musst dabei aber nicht lauter werden. Schicke die Töne mit Energie oder deinem Atem zu deinen Ohren.

Erläuterung

Klang entsteht nicht in unseren Ohren, sondern immer im Raum. Besonders bei hohen Tönen neigt man dazu, sich selber im Klang kontrollieren zu wollen und den Ton nicht gehen zu lassen. Dieses Bild wirkt dem entgegen. Durch die Vorstellung, dass unsere Ohren einige Meter von uns entfernt sind, überlisten wir unsere innere Klangwahrnehmung. Wir lassen den Atem besser fließen, lassen den Ton gehen, entkrampfen unsere Muskulatur und geben dem Ton somit die Möglichkeit, im Raum zu schwingen. Die Singenden fühlen dabei anfangs oft eher eine Art von Kontroll- und Hörverlust.
Die Vorstellung und das Arbeiten mit diesem Bild führen zu einem freieren Klang, der besonders von Außenstehenden wahrgenommen werden kann.
Das Bild ist mit verschiedenen Gesangsübungen z. B. für die Höhe kombinierbar.

C1 Der Wasserwerfer

Anwendung
- Verbesserung von Stimm- und Atemführung
- Verbesserung des Sänger-Legatos
- Hilfe bei der Phrasenbildung

Anweisung
Die Feuerwehr ist gerade bei einer Brandwehrübung, und du schaust dem großen Löschfahrzeug mit seiner Wasserspritze gebannt zu.
Schließlich heißt es „Wasser marsch“, und der Schlauch füllt sich rasch mit Wasser. Stell dir vor, dein Gesangston ist wie der Wasserwerfer. So wie sich der Schlauch mit Wasser füllt, atmest auch du energiegeladene Luft tief in dein Atemorgan. Singe nun die Übung. Der Ton strömt wie der Wasserstrahl aus deinen oberen Ansatzräumen, energiereich und in einem großen Bogen. Der Wasserstrahl fließt dabei gleichmäßig vom Anfang der Phrase, der Wasserspritze, bis zum Ende der Phrase, dem Übungsgebäude. Achte darauf, dass der Ton zugleich immer Kontakt zum am Boden liegenden gefüllten Schlauch hat, eben deinem Atemorgan.
Achte zudem darauf, dass dein Klangstrahl frei entstehen und schwingen kann und der Kehlkopf nicht unter Druck gerät.

Erläuterung
Diese sehr schöne Stimmbilder-Idee entstammt aus der Vorstellung einer ehemaligen Schülerin. Das Bild kann auf spielerische Weise für einen gleichmäßigen Atemstrom und damit eine Verbesserung des Sänger-Legatos sorgen. Dies kann bei der Gestaltung langer Phrasen helfen, um die Atem- und Unterstützungs-Energie bis zum Schluss beizubehalten. Ebenso kann es zu einer verbesserten Sensibilisierung und Steuerung der oberen Ansatzräume verhelfen.

Einzel ••• Gruppe ••• Chor •••

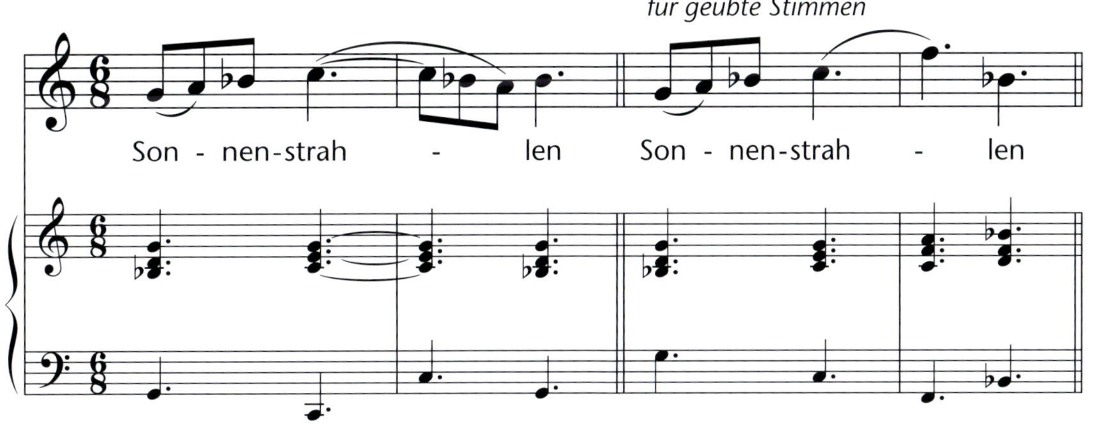

C2 Die Spule

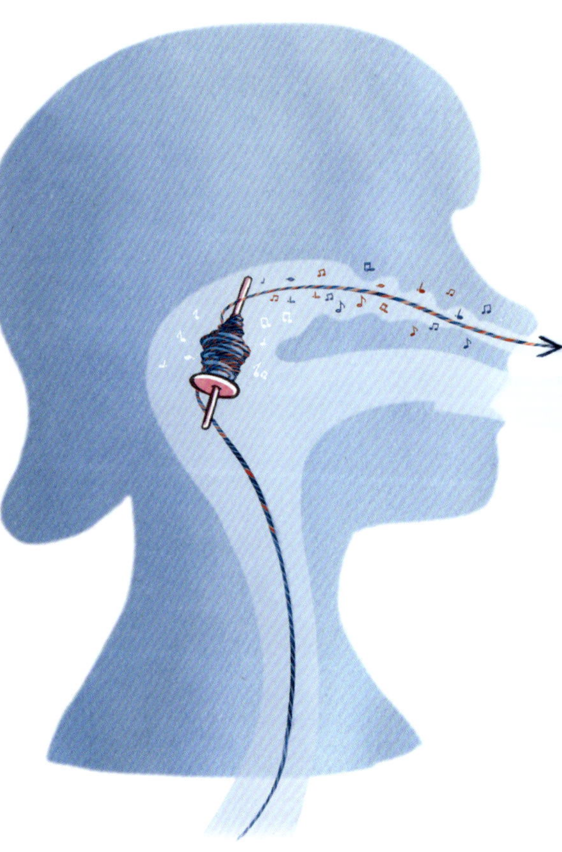

Anwendung

- Sensibilisierung für den Stimmsitz
- Verbesserung von Stimmführung, Atembogen und Phrasierung

Anweisung

Atme durch die Nase ein und forme mit Zunge und Gaumen ein „ng“ wie in „Junge“ oder „Lunge“. Spüre dem Atemstrom nach. Stell dir vor, in diesem durch die Atemluft gekühlten Raum befindet sich eine Spule, über die dein Gesangston wie ein Faden läuft. Achte dabei darauf, dass sich dein Zwerchfell ungehindert senken kann und der Kehlkopf in einer locker gesenkten Position verbleibt. Setze nun den ersten Ton der Übung in den frei eratmeten Ansatzräumen an. Während dein Atem und dein Klangstrom fließen, laufen alle Töne und Silben, die du singst, stets über die Spule, wie ein endloser Faden beim Spinnen. Achte darauf, dass der Ton während der Übung stets Kontakt zu Körper und Tiefatmung beibehalten und sich die Zunge nach dem „ng“ wieder entspannen kann.

Erläuterung

Dieses Bild kann den Singen Lernenden auf sehr effektive Weise zu einem guten Sänger-Legato verhelfen. Dabei werden Silben und Wörter innerhalb einer Phrase sängerisch günstig auf einem gleichbleibenden Atembogen verbunden. Dies gibt den Singenden die Möglichkeit, auch längere Phrasen musikalisch ansprechend zu gestalten, und gehört daher zu den Grundpfeilern einer guten Gesangsausbildung. Neben einer verbesserten Stimm- und Atemführung kann dieses Bild ebenfalls zu einer Sensibilisierung für Stimmsitz und Resonanz verhelfen.
Es eignet sich für Einzel- und Chorstimmbildung gleichermaßen.

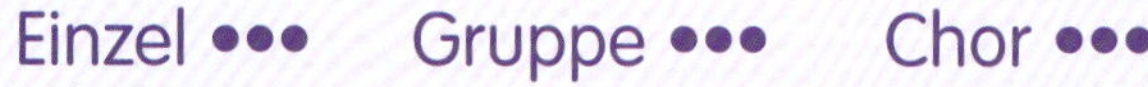

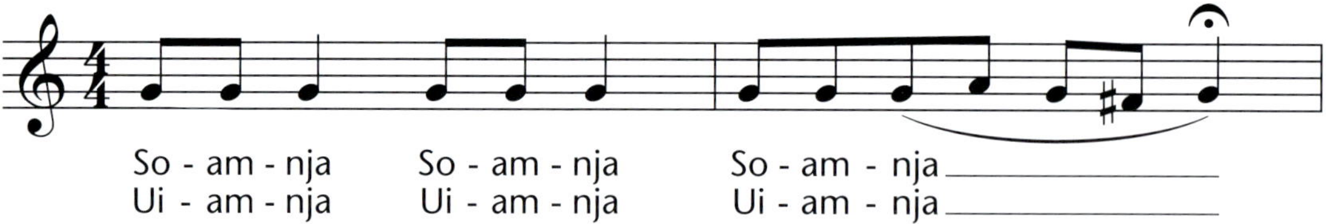

C3 Der Bienenschwarm

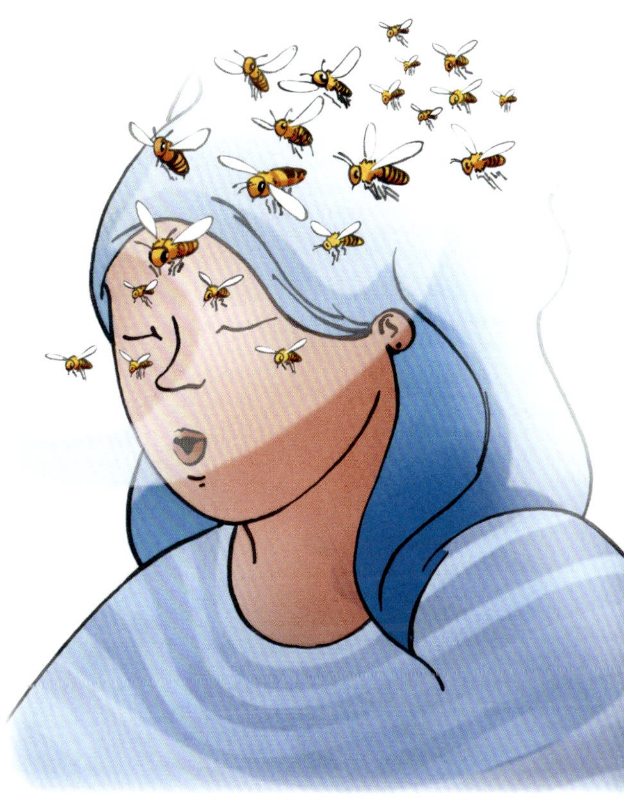

Anwendung
- Sensibilisierung für einen weichen Stimmeinsatz
- Verbesserung der Resonanz

Anweisung
Bereite deinen Gesangston sorgfältig vor. Stell dir vor, du öffnest mit der Einatmung durch die Nase deine Ansatzräume. Achte darauf, dass Kehlkopf und Kiefer in einer locker gesenkten Position verbleiben und sich das Zwerchfell ungehindert senken kann. Lenke die Aufmerksamkeit nun auf den gesamten Bereich direkt unter deiner Schädeldecke. Setze die Übung an und stell dir dabei vor, ein Schwarm Bienen kommt summend und brummend von hinten angeflogen. Du brauchst dich gar nicht umzudrehen, weil du ihn mit dem inneren Blick durch deinen Hinterkopf bereits wahrgenommen hast. Der Bienenschwarm erreicht zuerst den Nackenbereich des Hinterkopfes und breitet sich von dort summend-fließend über den gesamten Kopf nach vorne aus.

Erläuterung
Dieses Bild kann zunächst auf spielerische Weise zu einer Sensibilität für einen weichen, hoch im Kopf angesetzten Ton verhelfen. Dies provoziert zumeist einen leichten, hellen und zur Höhe hin auch mühelosen Stimmklang.
Daneben kann es zu einem sängerisch günstigen ersten Stimmeinsatz führen, bei dem der Atemstrom und der Ansatz zwar in einer dynamischen, aber weichen, wellenartigen Bewegung verläuft, um unnötige Härten und damit Fehlspannungen im Stimmapparat zu vermeiden.
Das Bild ist eher für den Einsatz in der Einzelstimmbildung geeignet, da es von der Lehrkraft über einen etwas längeren Zeitraum moderiert werden sollte.

Einzel ••• Gruppe ••• Chor •

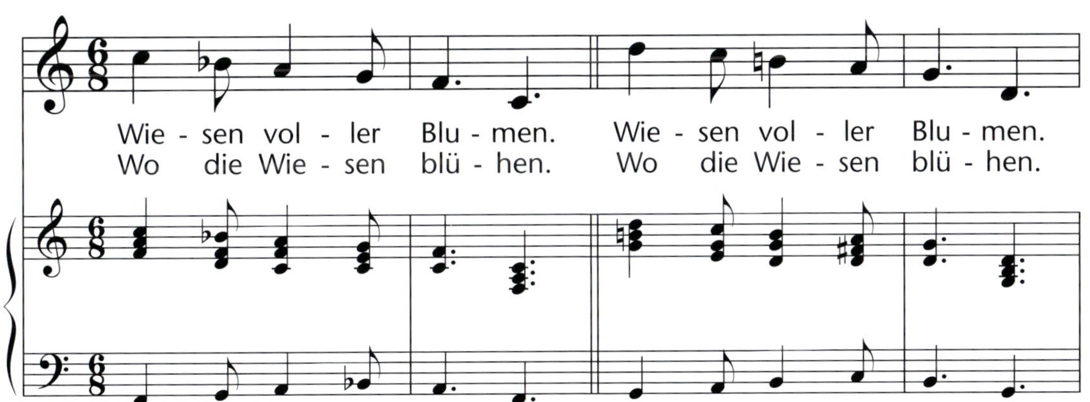

D1 Die kühle Rachenwand

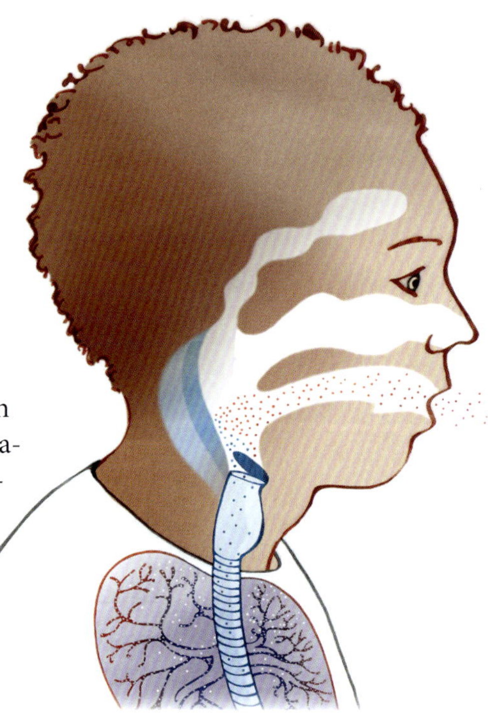

Anwendung

- Förderung eines weichen, vollen Timbres
- Sensibilisierung für die Kehlkopfsenkung
- Verbesserung der Timbrefähigkeit
- Hilfestellung für tiefe Töne

Anweisung

Atme durch den Mund ein. Lege deine Aufmerksamkeit dabei auf die Wand weit hinten im Rachen. Durch die hereinströmende Luft bei der Einatmung wird diese kühl. Spüre dem Atemstrom nach, wie er sich am Rachen vorbei bis in deinen Tiefbauch-Bereich fortsetzt. Achte darauf, dass der Kehlkopf dadurch eine locker gesenkte Position einnimmt und deine Zunge flach und entspannt bleibt. Beginne nun mit deiner Übung und behalte die kühle Rachenwand während des Singens bei!
Neben dieser öffnenden Vorstellung solltest du deine Aufmerksamkeit auf dem Kontakt zum Appoggio (= Atemstütze) und zu den oberen Ansatzräumen beibehalten.
Diese Übung kann sinnvollerweise auch mit dem Bild des Gähnens verbunden und unterstützt werden.

Erläuterung

Dieses Bild kann den Singenden helfen, den Raum im Vokaltrakt zu vergrößern und die Klangqualität des Gesangstones zugunsten eines dunkleren Timbres zu beeinflussen. Helfen kann dies beispielsweise tiefer gelagerten Stimmen wie Bässen oder einem tiefen Alt. Die Vorstellung kann zudem helfen, die senkende Kehlkopfmuskulatur zu aktivieren und die Anspannung der in vielen Situationen eher hinderlichen Kehlkopfheber zu lösen, beispielsweise bei hohen oder lauten Tönen.
Die Übung kann von Gesangsschülerinnen und -schülern schnell verstanden und umgesetzt werden. Sie eignet sich daher für Einzelunterricht und für Chorstimmbildung gleichermaßen.

Einzel ••• Gruppe ••• Chor •••

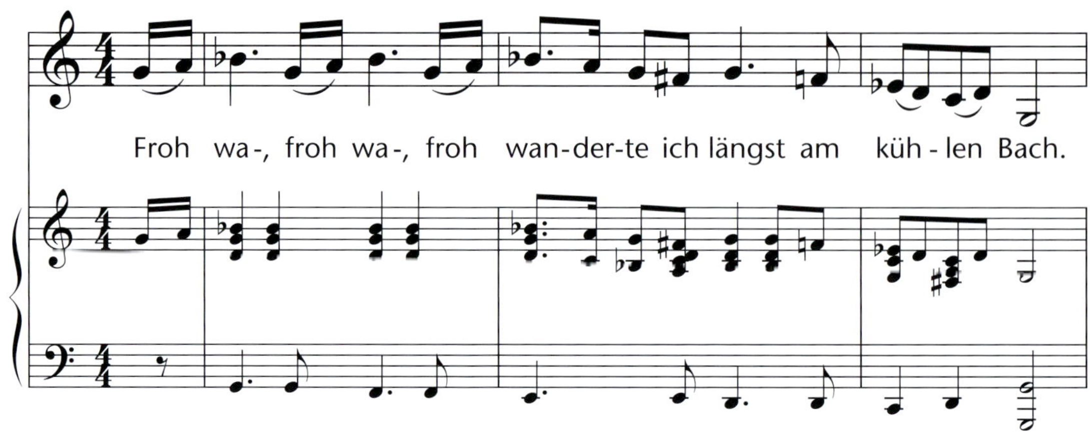

D2 ChiaroScuro

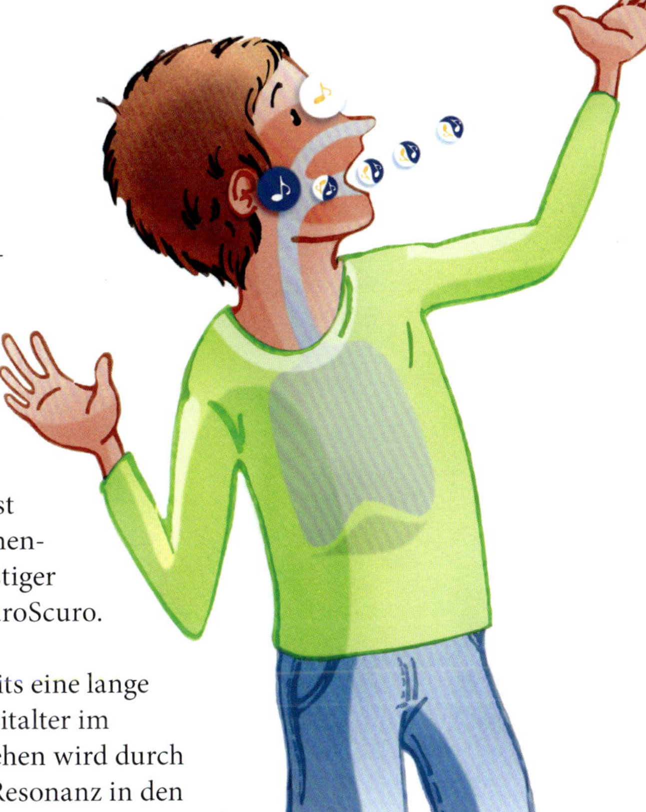

Anwendung

- Sensibilisierung für einen ganzheitlichen, ausbalancierten Stimmklang
- Verbesserung der Timbrequalität

Anweisung

Stell dir beim Singen in den oberen Ansatzräumen einen hellen Vokal, beispielsweise ein „i" vor, dies ist dein Chiaro (italienisch: hell). Dort bekommt der Ton seinen strahlenden, hellen Charakter. Gleichzeitig stellst du dir im Vokaltrakt, also im hinteren Rachenbereich, einen dunklen Vokal vor, also etwa ein „o", dies ist dein Scuro (italienisch: dunkel). Beide Elemente zusammen ergeben, idealerweise in günstiger Mischung, deinen Gesamtklang – das ChiaroScuro.

Erläuterung

Die Idee des ChiaroScuro-Singens hat bereits eine lange Tradition und entstammt dem Belcanto-Zeitalter im 18. und 19. Jahrhundert. Physiologisch gesehen wird durch dieses Bild eine bessere Balance zwischen Resonanz in den oberen Ansatzräumen, respektive Stimmlippenspannung, und den klangverstärkenden und -verändernden Eigenschaften des Vokaltraktes erreicht. Diese Vorstellung kann den Singenden zu einem flexiblen und damit ausdrucksstarken Stimmklang sowie einer verbesserten Kontrolle über Stimmfarbe und Dynamik verhelfen. Da dieses Bild ein hohes Maß an Reflexionsvermögen erfordert, ist es eher für den Einzelunterricht gedacht.

Einzel ••• Gruppe •• Chor •

D3 Der Urknall

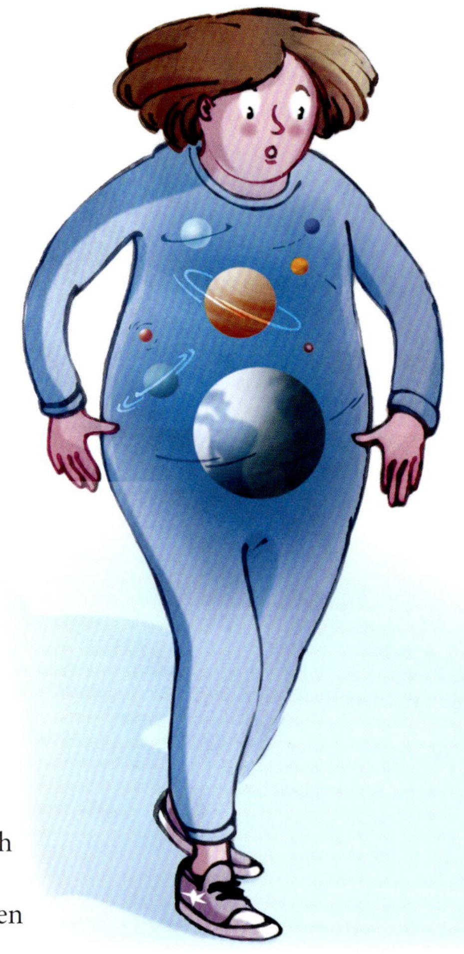

Anwendung

- Verbesserung der sängerischen Atmung und Haltung
- Verbesserte Unterstützung bei langen Phrasen oder Haltetönen

Anweisung

Der Urknall! Unendliche Weiten tun sich in deinem Unterleib auf, während du durch die Nase kosmische Luft einatmest. Stell dir vor, die Planeten driften während des Einatmens permanent auseinander. Spüre dabei, wie sich das Zwerchfell senkt, die Bauchdecke nach außen wölbt und auch dein Brustkasten eine Weitung erfährt. Achte darauf, dass dein Kehlkopf in einer locker gesenkten Position verbleibt. Mit dem einsetzenden Gesangston bleiben die gerade entstandenen Planeten ständig in Bewegung. Stell dir dabei vor, dass die Bewegung der Planeten tendenziell eher gegenläufig zur Ausatmung nach außen verläuft, und zudem, dass die Planeten immer in Bewegung bleiben und nicht fest an einem Ort verharren.

Erläuterung

Dieses Bild hilft, die unterstützende Atmungsenergie auch bei schweren Haltetönen oder langen Phrasen aufrecht und flexibel zu erhalten. Oftmals fühlen sich die Singenden bei ungünstiger Atmung schnell wie eine ausgequetschte Zitrone, das Gefühl von Atemnot stellt sich gerade bei ungeübten Singenden rasch ein. Die Vorstellung von stetig in Bewegung bleibenden, nach außen driftenden Planeten verhindert dabei eine Festigkeit der unterstützenden Atemmuskulatur.
Das Bild eignet sich sehr gut für die Einzelstimmbildung, kann jedoch auch in Chorgruppen eingesetzt werden.

Einzel ••• Gruppe •• Chor ••

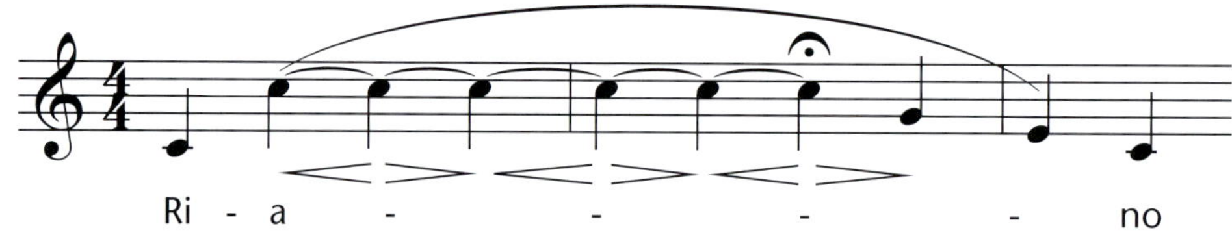

D4 Die Feuersäule

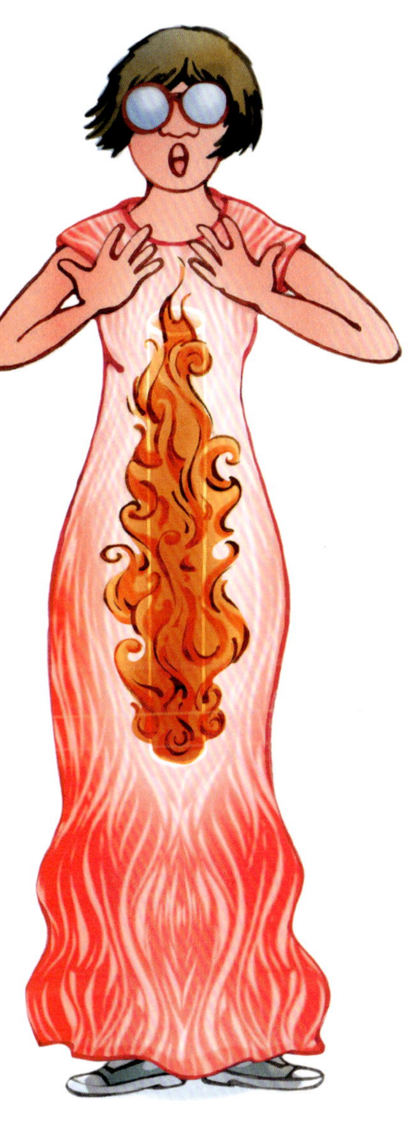

Anwendung

- Verbesserung der Timbrequalität
- Verbesserung flexibler Dynamik im Gesang
- Verbesserung der Atemkontrolle

Anweisung

Atme durch die Nase ein und nimm dabei deine oberen Ansatzräume sowie die Senkung deines Zwerchfells in die Region des Tiefbauches bewusst wahr. Achte darauf, dass dein Kehlkopf in einer locker gesenkten Position verbleiben kann. Singe nun die Übung und stell dir vor, der Ton breitet sich, ausgehend von deinen oberen Ansatzräumen, durch den Rachenraum zum Boden hin in deinem Körper aus wie eine Flamme. Spiele mit der Dynamik des Tones und lass die Flamme dabei in dir lodern wie eine längliche Feuersäule. Eine solche Feuersäule, umgeben von einer feuerfesten durchsichtigen Kunststoffhülle, kannst du in kühleren Abendstunden in den Außengastronomiebereichen beobachten. Lass das Feuer während des Schwelltones einmal kleiner werden und wieder zu ganzer Größe aufflammen. Achte darauf, dass die äußere Hülle des Gasbrenners immer gleich geöffnet bleibt und sich wie dein unterstützendes Atemorgan auch im fortgeschrittenen Verlauf der Übung nicht zusammenzieht.

Erläuterung

Das Bild der Feuersäule kann den Singen Lernenden schnell und effektiv zu einer Verstärkung ihres Stimmklanges verhelfen. Es provoziert zunächst eine Verstärkung der unterstützenden Atem- und Haltemuskulatur. Zudem führt es zu einer Aktivierung des Stimmbandmuskels „Musculus vocalis“ und der ergänzenden spannenden und damit klangverstärkenden Kehlkopfmuskeln.
Es eignet sich außerdem zum Erlernen von sängerischen *piano*- oder *mezzoforte*-Stimmklängen, da durch das Bild die unterstützenden Atem- und Haltefunktionen bei jeglicher Dynamik beibehalten werden.
Da das Stimmbild ein höheres Maß an Selbstreflexion und Übung erfordert, ist es eher für den Einsatz in der Einzelstimmbildung gedacht, kann aber bei Chören mit entsprechender Stimmbildungserfahrung auch dort eingesetzt werden.

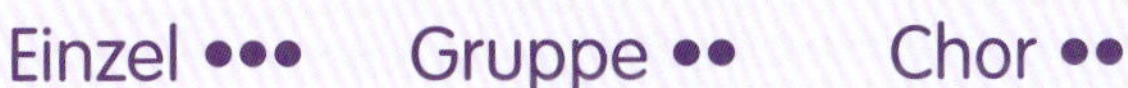

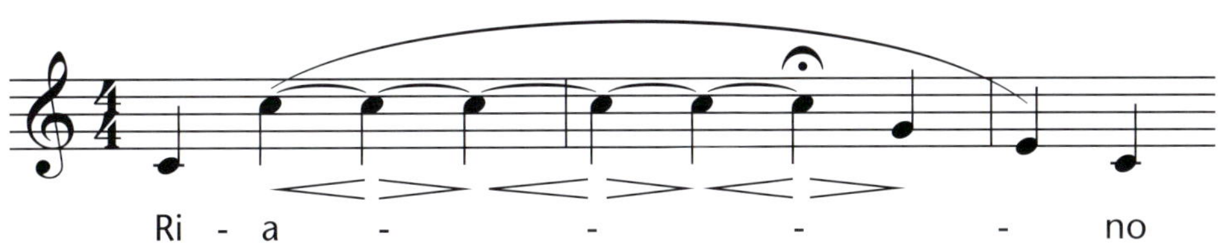

E1 Das Silbertablett

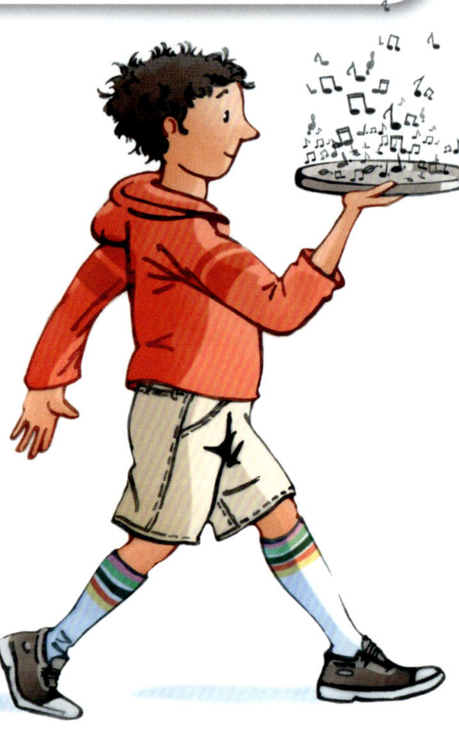

Anwendung

- Verbesserung der Intonation bei langen Phrasen
- Verbesserung der Intonation bei fallenden Tönen oder nach oben strebenden Intervallen

Anweisung

Stell dir vor, du wärst ein Kellner, der auf einem Silbertablett Getränke durch ein voll besetztes Restaurant trägt. Auf deinem Weg gibt es einige kritische Situationen zu bewältigen, z. B. wild umherlaufende Kinder, achtlos in deine Bahn gerückte Stühle. Doch du meisterst sie alle, indem du das Silbertablett stets bei „Gefahr" einfach ein wenig anhebst. Atme durch die Nase ein und achte drauf, dass sich das Zwerchfell locker senken kann und der Kehlkopf in einer lockeren, leicht gesenkten Position verbleibt. Setze das „Lacrimosa" an und führe die Stimme mit einer bewusst leichten, klaren Stimmgebung, hell und hoch im Kopf. Das Silbertablett hebt sich dabei bei allen Tönen, die fallen und anschließend nach oben streben, als wären sie anstelle der Getränke auf deinem Silbertablett.

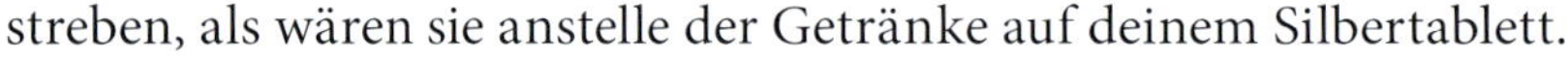

Zusätzlich kann es helfen, wenn du die Augen weit öffnest und auch die Wangenknochen ein wenig hebst.
Aber Vorsicht: Achte darauf, dass Atmung, Schultern und Kehlkopf gleichzeitig ‚geerdet' bleiben und der Kehlkopf keine unnötige Spannung bekommt. Das Silbertablett findet eben ‚im Kopf' statt, die Atem- und Energiebasis jedoch im Unterbauch!

Erläuterung

Dieses Bild ist sicherlich eine der am häufigsten anzutreffenden Stimmbildungsideen bei Chören, wenn Intonationsprobleme auftreten. Es eignet sich vor allem als schnelle Notfallhilfe für Chorleiter, die an der Intonation ihres Chores oder einzelner Register schier verzweifeln. Das Singen mit dem Silbertablett bewirkt eine zunehmende Spannkraft der inneren und äußeren Kehlkopfmuskeln sowie der unterstützenden Atem- und Haltemuskulatur. In der Folge erfährt u. a. der Stimmbandmuskel „Musculus vocalis" eine zusätzliche Anspannung und kann dadurch Tonhöhen besser fixieren, auch über eine längere Phrase. Häufig geht diese Anweisung jedoch auch mit einem Verlust von Klangqualität einher, weil die Gefahr einer zusätzlichen Anspannung ungünstiger Muskelgruppen, z. B. der hebenden Kehlkopfmuskeln, sehr groß ist. Es sollte daher unbedingt zusätzlich auf eine entspannte Kehlkopfhaltung und eine gesunde, tiefgehende Atemspannung hingewiesen werden.
Als Dauerlösung für eine Besserung der Intonation eignet sich die ganzheitliche Arbeit an Atem und Stimmsitz wesentlich besser. Daher ist dieses Bild auch eher eine Empfehlung für den partiellen Einsatz in Chorgruppen.

Einzel • Gruppe • Chor •••

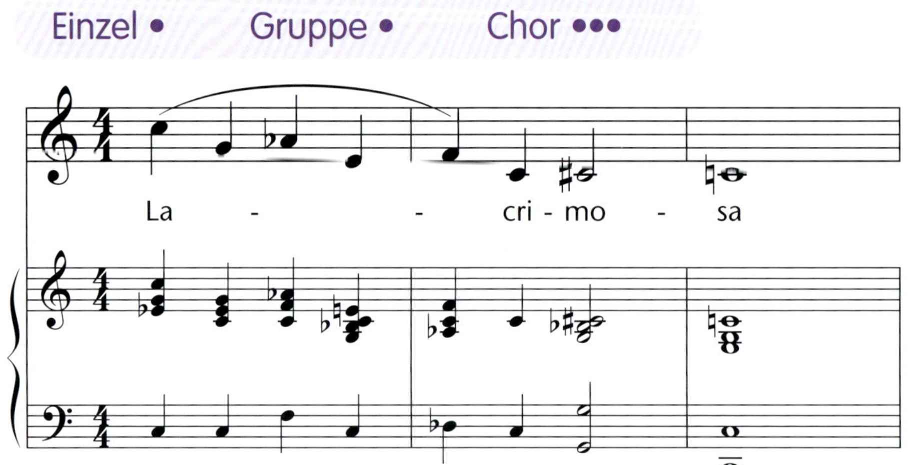

E2 Himmlische Töne

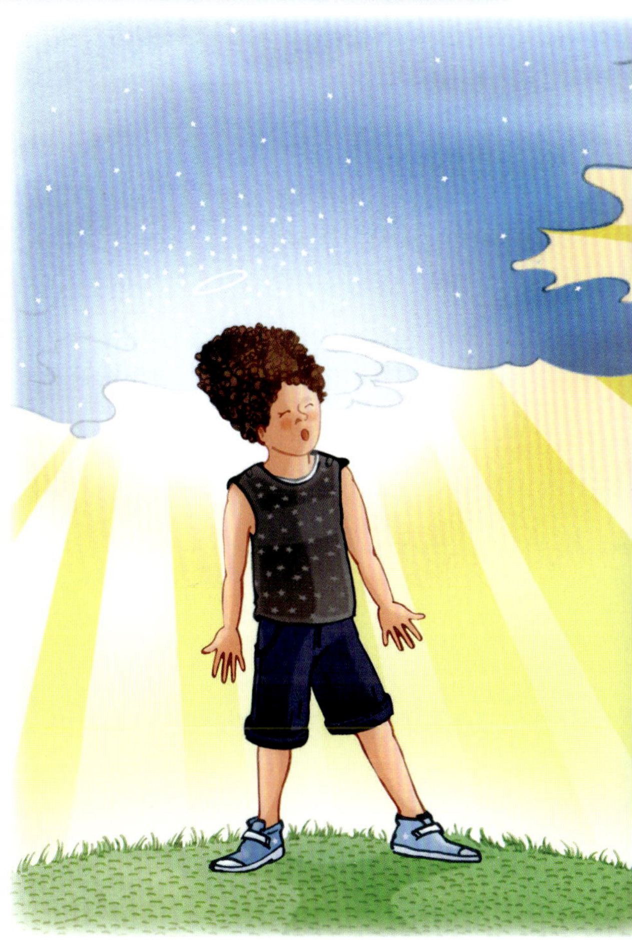

Anwendung
- Sensibilisierung für eine leichte, kopfige Stimmgebung
- Verbesserung der Intonation bei *piano*-Klängen

Anweisung

Atme in Ruhe durch die Nase ein. Spüre, wie sich das Zwerchfell senkt und dein Kehlkopf in einer lockeren, leicht gesenkten Position verbleibt. Richte deine Aufmerksamkeit zudem auf die durch die Einatmung sensibilisierten oberen Ansatzräume bis zur Schädeldecke hin.
Setze nun die ersten Töne der Übung bewusst weit oben im Kopf an und singe sie als „himmlische Töne". Achte dabei stets darauf, dass dein Ton zudem weiterhin nach unten hin ‚geerdet' bleibt. Stell dir vor, deine Töne schweben und klingen im Kopf wie klingende Wolken im Himmel, leicht, schwebend und frei von jeglichem Ballast und jeglicher Anstrengung. Deine Atmung und dein Körper bleiben jedoch weiterhin zur Erde hin geöffnet und fest im Boden verwurzelt.

Erläuterung

Gerade im Ensemblesingen werden oftmals leichte Stimmgebungen verlangt, die ohne Anstrengung lange Phrasen intonationssicher ausführen können.
Dabei stellt sich die große Herausforderung, ein gutes Piano zu intonieren, ohne dass der Ton spannungslos und damit einhergehend flach im Timbre und unsicher in der Intonation wird.
Dieses Bild kann helfen, eine natürliche Vorstellung eines leichten, von der Kopfstimme dominierten Tones zu kreieren. Der dadurch entstehende leichte und höhensichere Stimmklang profitiert dabei von einer günstigen Balance aus Entspannung und Aktivität der notwendigen Unterstützungsmuskulatur in Körper und Atemorgan.

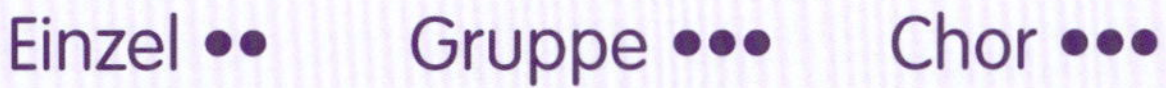

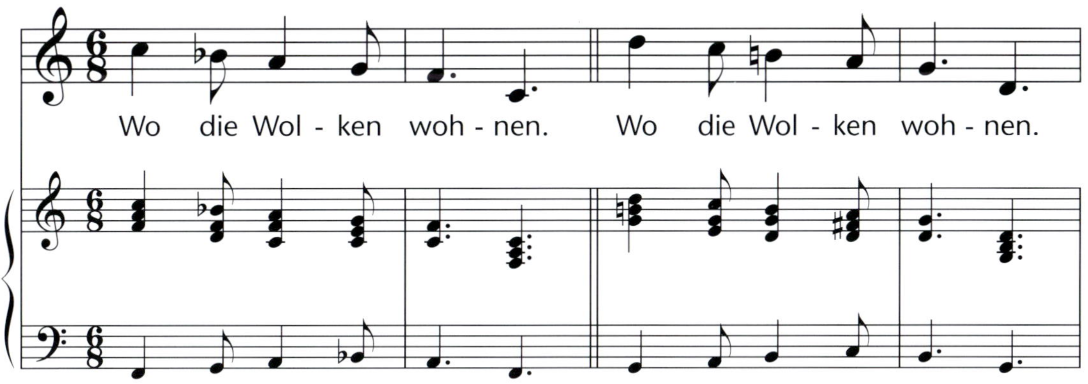

E3 Besuch beim Pizzabäcker

(Wettbewerbsbeitrag von Nadja Wöss)

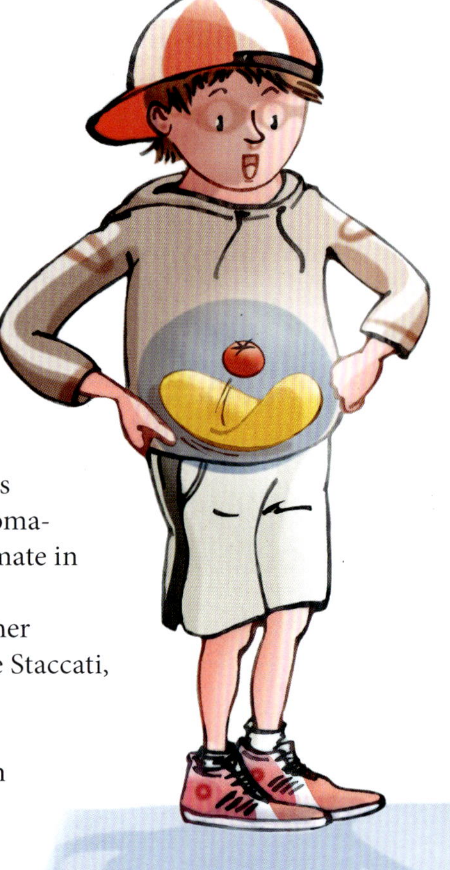

Anwendung
- Atemkontrolle
- Staccati

Anweisung
Wo unser Zwerchfell liegt, befindet sich in unserer Vorstellung ein frisch ausgezogener Pizzateig. Auf diesen legt der Pizzabäcker eine schöne rote Cocktailtomate. Versetzt er nun den Teig durch Schütteln der Ränder in Schwingung, springt die Tomate schwungvoll-leicht in die Höhe. Die Bewegung darf nicht zu stark sein, denn durch zu viel Kraft ruinieren wir die Elastizität des „Teiges“ (Zwerchfell) und verlieren die Kontrolle über die „Tomate“ (Ton). Ein sanftes Schütteln hingegen hält die Cocktailtomate in Bewegung.
Diese Übung *aktiviert das Zwerchfell* und schafft in eutonischer Haltung eine elastische Atemstütze. Sie eignet sich für leichte Staccati, z. B. auf „so“, „wo“ oder „jo“ (o wie in „Tomate“).

Anmerkung
Als unterstützende Bewegung können wir mit angewinkelten Armen aus den Unterarmen heraus die Schüttelbewegung mitmachen!
Größere Intervalle erfordern mehr Bewegung im Pizzateig …